BACKEN FÜR KINDER

Was kleine Krümelmonster lieben

Autorin: Anne-Katrin Weber | Fotos: Wolfgang Schardt

DIE GU-QUALITÄTS-GARANTIE

Wir möchten Ihnen mit den Informationen und Anregungen in diesem Buch das Leben erleichtern und Sie inspirieren, Neues auszuprobieren. Bei jedem unserer Bücher achten wir auf Aktualität und stellen höchste Ansprüche an Inhalt, Optik und Ausstattung. Alle Rezepte und Informationen werden von unseren Autoren gewissenhaft erstellt und von unseren Redakteuren sorgfältig ausgewählt und mehrfach geprüft. Deshalb bieten wir Ihnen eine 100 %ige Qualitätsgarantie.

Darauf können Sie sich verlassen:
Wir legen Wert darauf, dass unsere Kochbücher zuverlässig und inspirierend zugleich sind.
Wir garantieren:

- dreifach getestete Rezepte
- sicheres Gelingen durch Schritt-für-Schritt-Anleitungen und viele nützliche Tipps
- eine authentische Rezept-Fotografie

Wir möchten für Sie immer besser werden:
Sollten wir mit diesem Buch Ihre Erwartungen nicht erfüllen, lassen Sie es uns bitte wissen! Wir tauschen Ihr Buch jederzeit gegen ein gleichwertiges zum gleichen oder ähnlichen Thema um. Nehmen Sie einfach Kontakt zu unserem Leserservice auf. Die Kontaktdaten unseres Leserservice finden Sie am Ende dieses Buches.

GRÄFE UND UNZER VERLAG
Der erste Ratgeberverlag – seit 1722.

KV

INHALT

TIPPS UND EXTRAS

8 KLEIN & SÜSS

22 GROSS & BELIEBT

36 FESTLICH & BESONDERS

48 HERZHAFT & KNUSPRIG

BACKEN FÜR KINDER: KINDERLEICHT!

Ihr Kind präsentiert Ihnen am liebsten etwas Selbstgebackenes aus dem Sandkasten? Dann ist es höchste Zeit, dass Sie sich mit ihm in der Küche auch an echte Zutaten wagen!

Backen macht glücklich – Backen für Kinder erst recht! Nichts geht doch über staunende Kinderaugen, über ein begeistertes »wie lecker!« aus dem Mund Ihres Sprösslings oder gleich der ganzen Kindergeburtstagsrunde. Wie wäre es, Sie beziehen die Kleinen ins Backen mit ein? Suchen zusammen das Rezept aus, auf das Groß und Klein gleichermaßen Appetit haben? Und erobern dann gemeinsam die Küche?

Mit ganz kleinen Kindern ist das noch schwierig, wobei Teig schlecken dann doch überhaupt das Größte ist. Hier heißt es: Alles wirklich gut vorbereiten, bevor Sie gemeinsam ans Werk gehen! Damit die Geduld der Kids nicht überstrapaziert wird, stellen Sie schon alle Zutaten und Gerätschaften bereit. Denn gerade bei den Kleinen ist beim Backen häufig der Weg das Ziel und durch eine gute Vorbereitung verkürzt sich das lange Warten auf das fertige Gebäck. Wappnen Sie sich mit Küchenschürzen, drücken Sie den kleinen Backhelfern ein Kinder-Nudelholz in die Hand und los geht's!

FÜR SCHÖNE KINDHEITSERINNERUNGEN: ALLES SELBST GEMACHT!

Sobald die Kids etwas älter werden, wollen sie meist tatkräftig mithelfen beim Rühren und Kneten von Teigen oder beim Ausstechen und Verzieren von Plätzchen & Co. Damit das gemeinsame Backen allen Spaß macht, sollten die Kinder so viel wie möglich selbst machen dürfen. Drücken Sie also ein Auge zu, wenn es dann in Ihrer Küche etwas wilder zugeht als sonst. Und überhaupt gilt: Perfektion ist in der Kinderbackstube nicht erwünscht – der Spaß und das gemeinsame Erleben stehen im Vordergrund! Üben Sie sich in Geduld und sparen Sie nicht an Lob – dann sind Ihnen wunderschöne und durch Nichts zu ersetzende gemeinsame Backerlebnisse sicher. Noch Jahre später werden sich Ihre Kinder gerne ans gemeinsame Teigkneten, Ausrollen und Verzieren erinnern – und dann bestimmt auch so manchen Kuchen aus der Kindheit mit großer Begeisterung nachbacken.

KNETEN, RÜHREN, SCHLAGEN – TIPPS, DAMIT NICHTS SCHIEFGEHEN KANN

Zarter Mürbeteig ist nicht nur die perfekte Unterlage für saftige Obstkuchen und Tartes, auch Plätzchen (allen voran die geliebten Ausstecher) lassen sich aus ihm zubereiten. Das A und O ist kühlschrankkalte Butter. Die Zutaten mit den Händen nur kurz zusammenkneten, dann 30 Min. kühlen. Wird der Teig nämlich zu warm, dann wird er klebrig und lässt sich auch trotz Kühlzeit nicht mehr besonders gut ausrollen.

Rührteig ist schnell zubereitet und vielseitig und daher zu Recht bei Backanfängern beliebt. Voraussetzung für einen fluffigen Teig ist, dass Butter und Eier Zimmertemperatur haben. Nur so lassen sie sich schön aufschlagen und verbinden sich gut. Also: beides rechtzeitig vor dem Backen aus dem Kühlschrank nehmen. Und dann heißt es: Rühren! Kinderleicht geht das mit einem Handrührgerät.

Biskuit ist die Basis für edle Torten und feine Obstkuchen. Viele schaumig geschlagene Eier sowie kein oder nur wenig Fett sorgen für die luftige Konsistenz. Biskuitmasse für Torten bereiten Sie am besten schon am Vortag zu, dann lässt sie sich besser schneiden. Damit Biskuit nicht austrocknet, wickeln Sie ihn über Nacht in Frischhaltefolie.

HEFETEIG MAG ES WARM UND GEMÜTLICH

Hefeteig mag es warm und benötigt Zeit, damit er zur vollen Größe aufgeht. Decken Sie die Teigschüssel stets mit einem sauberen Küchentuch oder einem aufgeschnittenen Gefrierbeutel ab. Hefeteig muss mehrfach kräftig geknetet werden. Das erledigen bei kleinen Mengen zunächst die Knethaken des Handrührgeräts, anschließend dürfen Sie oder die Kinder mit den Händen kräftig zupacken. Ob Sie mit frischer Hefe oder Trockenhefe backen, ist unerheblich – lockerer Hefeteig gelingt mit beidem. Wer nur selten Hefeteig macht, liegt mit Trockenhefe im Schrank nicht falsch. Steht hingegen häufig Hefegebäck auf dem Tisch, lohnt es sich, frische Hefe im Kühlschrank zu haben.

Wer ungeduldig ist oder zunächst vor Hefeteig zurückschreckt, findet in Quark-Öl-Teig eine Alternative. Frisch gebacken ähnelt die Konsistenz der von Hefegebäck, doch im Gegensatz zu Hefeteig ist Quark-Öl-Teig schon nach kurzem Verkneten bereit zum Ausrollen oder Formen. Größere Kinder können ihn alleine zubereiten. Gebäck aus Quark-Öl-Teig schmeckt am besten ganz frisch.

WICHTIG: DIE RICHTIGE MEHLSORTE

Die Mehlsorte ist entscheidend für die Konsistenz von Teig und Gebäck. Ist nur »Mehl« angegeben, handelt es sich stets um das in jedem Lebensmittelgeschäft erhältliche Weizenmehl der Type 405.

SCHMETTERLINGS-CUPCAKES

Rührteig, Creme und Deko – 1, 2, 3, fertig sind die niedlichen Törtchen! Das einfache Grundrezept ist herrlich wandelbar – probieren Sie es unbedingt aus!

1 Backofen auf 180° vorheizen. Die Butter und den Zucker mit den Quirlen des Handrührgeräts gut schaumig rühren.

2 Die Eier nacheinander jeweils so lange unter die Butter-Zucker-Masse rühren, bis sich die Zutaten wieder verbunden haben.

3 Das Mehl mit dem Backpulver mischen, auf die Buttermasse geben und mit der Milch sowie 1 Prise Salz kurz unterrühren.

4 Das Muffinblech einfetten und mit Mehl ausstreuen. Den Teig in die Mulden füllen und im Ofen (Mitte) ca. 20 Min. backen.

5 Aus dem Ofen nehmen und kurz abkühlen lassen. Cupcakes aus der Form lösen und auf einem Kuchengitter abkühlen lassen.

6 Für den Guss 75 g Puderzucker mit dem Zitronensaft glatt rühren. Den Guss in einen Spritzbeutel oder kleinen Gefrierbeutel geben.

150 g weiche Butter | 150 g Zucker | 2 Eier (Größe M) | 200 g Mehl | 2 TL Backpulver | 150 ml Milch | Salz | 125 g Puderzucker | 1 EL Zitronensaft | kleine Zuckerperlen | 150 g Frischkäse (Doppelrahmstufe) | 75 g Himbeer-Fruchtaufstrich | Butter und Mehl für das Muffinblech

Für 1 12er-Muffinblech | 30 Min. Zubereitung | 20 Min. Backen
Pro Stück ca. 320 kcal, 4 g EW, 16 g F, 40 g KH

7 Für die Schmetterlingsflügel von den Cupcakes jeweils vorsichtig einen Deckel abschneiden. Die Deckel halbieren.

8 Die Schmetterlingsflügel mit Zuckerguss und Zuckerperlen nach Belieben bunt verzieren. Den Zuckerguss trocknen lassen.

9 Für die Himbeercreme den Frischkäse mit 50 g Puderzucker cremig verrühren. Fruchtaufstrich dazugeben und unterrühren.

10 Die Frischkäsecreme mithilfe eines Esslöffels oder eines Spritz- bzw. Gefrierbeutels auf den Cupcakes verteilen.

11 Die Deckelhälften mit den runden Seiten nach innen als Flügel hineinstecken. Cupcakes auf einer Kuchenplatte anrichten.

TIPP

Für Schmetterlings-Cupcakes mit feinem Nuss- oder Mandelgeschmack ersetzen Sie einfach 75 g Mehl durch gemahlene Haselnüsse oder Mandeln. Die Schmetterlingsflügel können Sie dann statt mit Zuckerglasur auch mit Schokolade bestreichen.

KLEIN & SÜSS

Wer kann da schon widerstehen: schokoladige Brownies, saftige Muffins, nussige Schnecken, knusprige Müsliriegel ... Die kinderleichten Rezepte für Gebäck im handlichen Kleinformat sind der ideale Einstieg, um zusammen mit den kleinen Küchenhelfern in der Backstube zu werkeln und den Ofen heiß laufen zu lassen.

SCHNECKENNUDELN

Die Nussfüllung wird dekorativ in saftigem Quark-Öl-Teig aufgerollt. Die Teilchen mit dem lustigen Namen sind schnell gebacken und ebenso schnell vernascht. Wetten?

Für die Füllung:
1 Ei (Größe M)
75 g weiche Butter
75 g Zucker
150 g gemahlene Haselnüsse
2 TL Zimtpulver
80 g Sahne
Für den Quark-Öl-Teig:
150 g Magerquark
6 EL Milch
6 EL neutrales Öl
75 g Zucker
Salz
300 g Mehl
3 TL Backpulver
Außerdem:
Mehl zum Arbeiten
2 EL Hagelzucker

Bei kleinen und großen Naschkatzen beliebt

Für 12 Stück |
35 Min. Zubereitung |
15 Min. Backen
Pro Stück ca. 360 kcal,
7 g EW, 21 g F, 36 g KH

1 Für die Füllung das Ei trennen. Die Butter und den Zucker mit den Quirlen des Handrührgeräts schaumig rühren. Das Eiweiß unter die Butter-Zucker-Masse rühren. Haselnüsse, Zimtpulver und Sahne (1 EL zurückbehalten) unterrühren.

2 Backofen auf 200° vorheizen. Ein Backblech mit Backpapier belegen. Für den Teig den Quark mit Milch, Öl, Zucker, 1 Msp. Salz und 150 g Mehl in eine Schüssel geben und verrühren. Das übrige Mehl mit dem Backpulver mischen, zur Quarkmasse geben und alles zu einem glatten Teig verkneten.

3 Den Teig auf der leicht bemehlten Arbeitsfläche zu einem ca. 30 × 30 cm großen Quadrat ausrollen. Die Füllung darauf verstreichen. Die Teigplatte aufrollen und die Rolle in 12 Scheiben schneiden. Die Schnecken auf das Backblech legen.

4 Das Eigelb mit der übrigen Sahne verquirlen. Die Oberseiten der Teigschnecken mit der Eigelbmischung bestreichen und mit Hagelzucker bestreuen. Die Schneckennudeln im Ofen (Mitte) in ca. 15 Min. knusprig und hellbraun backen. Herausnehmen und auf einem Kuchengitter lauwarm abkühlen lassen.

VARIANTE **MARZIPANHÖRNCHEN**

Teig rund ausrollen (ca. 40 cm ∅). 200 g Marzipanrohmasse raspeln, mit 150 g Aprikosenkonfitüre und 1 Eiweiß verrühren. Masse auf die Teigplatte streichen, diese in 12 »Tortenstücke« schneiden. Stücke zu Hörnchen aufrollen und auf das Backblech legen. 1 Eigelb mit 1 EL Milch verquirlen und die Hörnchen damit bestreichen. Mit 3 EL Mandelblättchen bestreuen. Bei 200° im Ofen (Mitte) 15 – 18 Min. backen.

BROWNIES

150 g Bitterschokolade | 150 g Butter | 3 Eier (Größe M) | 200 g Rohrohrzucker | 150 g Mehl | 1 EL Kakaopulver | 1 TL Backpulver | Salz | 100 g Walnusskerne

Schoko satt!

Für 1 Backform von 22 × 22 cm (16 Stücke) |
15 Min. Zubereitung | 20 Min. Backen
Pro Stück ca. 260 kcal, 4 g EW, 17 g F, 23 g KH

1 Backofen auf 180° vorheizen. Schokolade hacken und mit der Butter über dem heißen Wasserbad schmelzen. Lauwarm abkühlen lassen. Eier und Zucker mit den Quirlen des Handrührgeräts ca. 2 Min. schaumig rühren. Schokoladenmischung unterrühren. Mehl, Kakaopulver, Backpulver und 1 Prise Salz mischen und kurz unterrühren.

2 Den Boden der Backform mit Backpapier belegen. Teig in die Form füllen und glatt streichen. Walnüsse grob hacken und daraufstreuen. Im Ofen (Mitte) ca. 20 Min. backen, sodass die Oberfläche knusprig, das Innere aber noch weich ist. Aus dem Ofen nehmen und in der Form abkühlen lassen.

BLONDIES

150 g weiße Kuvertüre | 150 g Butter | 2 Eier (Größe M) | 150 g Zucker | 200 g Mehl | ½ TL gemahlene Vanille | Salz | 100 g Macadamianüsse (geröstet und gesalzen)

Unbedingt probieren!

Für 1 Backform von 22 × 22 cm (16 Stücke) |
15 Min. Zubereitung | 20 Min. Backen
Pro Stück ca. 260 kcal, 3 g EW, 17 g F, 24 g KH

1 Backofen auf 180° vorheizen. Kuvertüre hacken und mit der Butter über dem heißen Wasserbad schmelzen. Lauwarm abkühlen lassen. Eier und Zucker mit den Quirlen des Handrührgeräts 2 Min. schaumig rühren. Schokoladenmischung unterrühren. Mehl, Vanille und 1 Prise Salz unterrühren.

2 Den Boden der Backform mit Backpapier belegen. Den Teig in die Form füllen und glatt streichen. Die Macadamianüsse grob hacken und daraufstreuen. Im Ofen (Mitte) ca. 20 Min. backen, sodass die Oberfläche knusprig, das Innere aber noch weich ist. Aus dem Ofen nehmen und in der Form abkühlen lassen.

IGEL-MUFFINS

100 g Zartbitterschokolade | 125 g weiche Butter | 150 g Zucker | 2 Eier (Größe M) | 150 g Mehl | 2 TL Backpulver | 1 EL Kakaopulver | Salz | 100 g Sahnejoghurt | 200 g helle Kuchenglasur | 75 g Mandelstifte | 24 dunkle und 12 weiße Zuckerperlen | Fett für die Form

Niedlich

Für ein 12er-Muffinblech |
40 Min. Zubereitung | 20 Min. Backen
Pro Stück ca. 390 kcal, 5 g EW, 25 g F, 35 g KH

1 Backofen auf 180° vorheizen. Schokolade schmelzen. Butter mit Zucker schaumig rühren. Eier einzeln unterrühren. Mehl, Backpulver, Kakao und 1 Prise Salz mischen. Mit dem Joghurt unterrühren. Lauwarme Schokolade unterrühren.

2 Mulden des Muffinblechs einfetten und Teig einfüllen. Muffins im Ofen (Mitte) ca. 20 Min. backen. Aus der Form lösen, abkühlen lassen. Glasur nach Packungsanleitung erwärmen und auf die Muffins streichen. Mit Mandelstiften (Stacheln) und Zuckerperlen (Augen, Schnauze) verzieren.

RÜBLI-MUFFINS

200 g weiße Kuvertüre | 200 g Möhren | 150 g weiche Butter | 150 g Zucker | 4 Eier (Größe M) | 150 g gemahlene Mandeln | 75 g Mehl | 2 TL Backpulver | 1 TL Zimtpulver | 12 Marzipanmöhren (Fertigprodukt) | 1 EL gehackte Pistazienkerne | Fett für die Form

Extra-saftig

Für ein 12er-Muffinblech |
40 Min. Zubereitung | 20 Min. Backen
Pro Stück ca. 390 kcal, 7 g EW, 27 g F, 30 g KH

1 Backofen auf 180° vorheizen. Kuvertüre hacken und schmelzen. Möhren schälen und fein reiben. Butter mit Zucker schaumig rühren. Eier einzeln unterrühren. Kuvertüre (bis auf 3 EL), Mandeln, Mehl, Backpulver, Zimt und Möhrenraspel unterrühren.

2 Mulden des Muffinblechs einfetten und Teig einfüllen. Muffins im Ofen (Mitte) ca. 20 Min. backen. Aus der Form lösen und abkühlen lassen. Übrige Schokolade nochmals verflüssigen und je einen Klecks auf die Muffins geben. Mit Möhren und Pistazien verzieren.

NUSSECKEN

Achtung, die knusprigen Ecken gehen schneller weg, als sie gebacken sind: Der nussige Klassiker schmeckt nämlich nicht nur kleinen Naschkatzen ...

Für den Mürbeteig:
200 g Mehl
100 g Zucker
Salz
1 Ei (Größe M)
90 g kalte Butter
Für den Belag:
100 g Walnusskerne
125 g Butter
125 g Zucker
1 Pck. Vanillezucker
200 g gemahlene Haselnüsse
150 g Johannisbeergelee
100 g Zartbitterkuvertüre
Außerdem:
Mehl zum Arbeiten

Gut vorzubereiten

Für 24 Stück | 1 Std. Zubereitung | 30 Min. Kühlen | 30 Min. Backen
Pro Stück ca. 260 kcal, 3 g EW, 17 g F, 23 g KH

1 Für den Teig das Mehl auf die Arbeitsfläche geben, in die Mitte eine Mulde drücken. Zucker, 1 Prise Salz und Ei dazugeben. Die Butter in Flöckchen auf dem Rand verteilen. Alles rasch mit den Händen zu einem glatten Teig verkneten. Den Teig etwas flach drücken und in Frischhaltefolie gewickelt 30 Min. kalt stellen.

2 Inzwischen für den Belag die Walnüsse fein hacken. In einem Topf Butter, Zucker, Vanillezucker und 3 EL Wasser aufkochen. Hasel- und Walnüsse unterrühren. Etwas abkühlen lassen.

3 Backofen auf 180° vorheizen. Ein Backblech mit Backpapier belegen. Mürbeteig auf wenig Mehl zu einem Rechteck von ca. 24 × 32 cm ausrollen und auf das Blech legen. Teigränder mit einem doppelt gefalteten Streifen Alufolie begrenzen.

4 Gelee durch ein Sieb streichen. Erst Gelee, dann Nussmasse auf den Teig streichen. Im Ofen (unten) in 25 – 30 Min. goldbraun backen. Herausnehmen, die Ränder begradigen. Etwas abkühlen lassen. Noch warm in ca. 8 cm breite Streifen schneiden. Streifen in Quadrate, diese in Dreiecke schneiden. Abkühlen lassen.

5 Kuvertüre hacken und über dem heißen Wasserbad schmelzen. Nussecken mithilfe eines Löffels mit Kuvertüre verzieren. Oder Kuvertüre in einen Gefrierbeutel füllen, eine kleine Ecke abschneiden, und auf das Gebäck spritzen. Fest werden lassen.

TIPP **Für vollwertige Nussecken das Mehl durch Dinkel- oder Weizenvollkornmehl und den weißen Zucker durch Rohrohrzucker ersetzen. Johannisbeergelee und Kuvertüre gibt es im Bioladen in Vollwertqualität.**

SCHOKO-SWIRL-KÜCHLEIN

Buttriger Hefeteig trifft knusprigen Krokant und dunkle Schokolade – zu lecker! Als wäre das nicht schon genug, überzeugen die Küchlein auch noch durch ihr Aussehen.

Für den Hefeteig:
525 g Mehl (Type 550)
30 g frische Hefe
170 ml Milch (lauwarm)
75 g Zucker
100 g weiche Butter
2 Eier (Größe M)
Salz

Für die Füllung:
100 g Bitterschokolade
80 g Haselnusskrokant

Außerdem:
Mehl zum Arbeiten
Butter für die Form
1 Eigelb und 2 EL Milch zum Bestreichen

Einfach unwiderstehlich

Für ein 12er-Muffinblech | 40 Min. Zubereitung | 1 Std. 20 Min. Ruhen | 25 Min. Backen
Pro Stück ca. 345 kcal, 8 g EW, 14 g F, 47 g KH

1 Für den Hefeteig das Mehl in eine Schüssel geben, in die Mitte eine Mulde drücken. Hefe hineinbröckeln, mit lauwarmer Milch, 1 TL Zucker und etwas Mehl vom Rand verrühren. Den Vorteig zugedeckt an einem warmen Ort ca. 15 Min. gehen lassen.

2 Übrigen Zucker, Butter in Flöckchen, Eier und ½ TL Salz zum Vorteig geben. Zunächst mit den Knethaken des Handrührgeräts, dann mit den Händen 5 – 10 Min. zu einem glatten Teig verkneten. Den Teig zugedeckt an einem warmen Ort ca. 45 Min. gehen lassen, bis sich sein Volumen verdoppelt hat.

3 Den Teig auf wenig Mehl kurz durchkneten und 5 Min. ruhen lassen. Die Mulden des Muffinblechs einfetten. Schokolade hacken und über dem heißem Wasserbad schmelzen. Teig zu einem Rechteck von ca. 60 × 30 cm ausrollen. Eine Hälfte der Teigplatte längs mit Schokolade bestreichen und mit Krokant bestreuen (Bild 1). Unbelegte Teighälfte darüberklappen. Teigplatte in 12 gleich breite Streifen schneiden (Bild 2). Die Streifen schneckenförmig aufrollen. Teigschnecken in die Mulden des Muffinblechs legen und zugedeckt weitere 15 Min. gehen lassen.

4 Inzwischen den Backofen auf 180° vorheizen. Eigelb mit Milch verquirlen und die Schnecken damit bestreichen (Bild 3). Im Ofen (Mitte) in 20 – 25 Min. goldbraun backen. Herausnehmen und ca. 10 Min. in der Form abkühlen lassen. Herauslösen und auf einem Kuchengitter vollständig abkühlen lassen.

VARIANTE **NUGAT-SWIRLS**
Den Teig mit 100 g geschmolzenem Nussnugat bestreichen und mit 80 g gehackten Hasel- oder Walnüssen bestreuen.

1
2
3

HIMBEER-STREUSEL-TALER

120 g weiche Butter | 200 g Zucker | 480 g Mehl | 1 TL Zimtpulver | Salz | 150 g Magerquark | 6 EL Milch | 6 EL neutrales Öl | 3 TL Backpulver | 250 g Himbeeren | 250 g Himbeerkonfitüre | 1 EL Puderzucker zum Bestreuen

Alles Handarbeit!

Für 12 Stück | 40 Min. Zubereitung | 20 Min. Backen pro Blech
Pro Stück ca. 395 kcal, 7 g EW, 14 g F, 60 g KH

1 Die Butter mit 120 g Zucker, 180 g Mehl, dem Zimt und 1 Prise Salz in eine Schüssel geben. Alles mit den Fingern zu groben Streuseln verarbeiten. Die Streusel kalt stellen.

2 Den Backofen auf 200° vorheizen. Zwei Backbleche mit Backpapier belegen. Für den Teig Quark, Milch, Öl, 80 g Zucker, 1 Msp. Salz und 150 g Mehl mit den Quirlen des Handrührgeräts verrühren. Das übrige Mehl mit dem Backpulver mischen und unter die Quarkmasse kneten.

3 Den Teig in 12 Portionen teilen, jede Portion zu einer Kugel formen und diese auf dem Blech etwa handtellergroß flach drücken. Die Himbeeren daraufgeben. Konfitüre und zum Schluss die Streusel darauf verteilen. Im Ofen (Mitte) ein Blech nach dem anderen je 18 – 20 Min. backen. Die Taler vom Blech nehmen und auf einem Kuchengitter abkühlen lassen. Mit Puderzucker bestreuen.

TIPP

Außerhalb der Saison können Sie auf tiefgekühlte Beeren zurückgreifen. Oder Sie ersetzen die Himbeeren nach Belieben durch Brombeeren, Heidelbeeren, Kirschen, in Spalten geschnittene Aprikosen oder Pfirsiche.

AMERIKANER-GESICHTER

150 g weiche Butter | 125 g Zucker | 1 EL Vanillezucker | Salz | 2 Eier (Größe M) | 1 TL abgeriebene Bio-Zitronenschale | 2 TL Backpulver | 300 g Mehl | 5 EL Milch | ca. 200 g Puderzucker | ca. 2 EL Zitronensaft | etwas rote Speisefarbe | 24 Schokoperlen

Ganz einfach

Für 12 Stück |
45 Min. Zubereitung | 15 Min. Backen
Pro Stück ca. 315 kcal, 4 g EW, 12 g F, 48 g KH

1 Butter schaumig rühren. Zucker, Vanillezucker und 1 Prise Salz unterrühren. Eier nacheinander und Zitronenschale unterrühren. Backpulver mit Mehl mischen, mit der Milch unter den Teig rühren.

2 Backofen auf 180° vorheizen. Ein Backblech mit Backpapier belegen. Mit einem Esslöffel 12 Teighäufchen mit je ca. 5 cm Abstand auf das Blech setzen und mit einem feuchten Messer in Form schieben. Amerikaner im Ofen (Mitte) in ca. 15 Min. goldgelb backen (nicht zu dunkel backen, da sie sonst trocken werden!). Vom Blech nehmen und auf einem Kuchengitter etwas abkühlen lassen.

3 Für den Guss 150 g Puderzucker mit Zitronensaft glatt rühren. Die Hälfte des Gusses mit Speisefarbe rosa färben. Sechs Amerikaner weiß, sechs Amerikaner rosa glasieren. Dafür die noch warmen Amerikaner auf der glatten Seite mit Guss bestreichen. Trocknen lassen. Restlichen Guss jeweils mit so viel Puderzucker verrühren, dass er spritzfähig ist. Jede Farbe in einen Gefrierbeutel füllen. Je eine kleine Ecke abschneiden und mit der jeweils noch nicht verwendeten Farbe Gesichter auf die Amerikaner spritzen. Schokoperlen in die Augen drücken. Trocknen lassen.

MÜSLIRIEGEL

150 g Haselnusskerne | 100 g Mandeln |
50 g getrocknete Aprikosen | 100 g Rosinen |
25 g Kokosraspel (ersatzweise Sesamsamen) |
100 g grobe Haferflocken | 2 TL Zimtpulver |
40 g Butter | 150 g Akazienhonig | 100 g Rohrohrzucker | 1 EL Mehl (Weizen oder Dinkel)

Kerniger Knusperspaß

Für 20 Stück |
25 Min. Zubereitung | 15 Min. Backen
Pro Stück ca. 185 kcal, 3 g EW, 10 g F, 20 g KH

1 Die Haselnüsse und die Mandeln mit einem großen Messer grob hacken. Die Aprikosen in kleine Würfel schneiden. Haselnüsse, Mandeln, Aprikosen, Rosinen, Kokosraspel, Haferflocken und Zimt in einer Schüssel gründlich vermischen. Den Backofen auf 180° vorheizen. Ein Backblech mit Backpapier belegen.

2 Die Butter in einem weiten Topf zerlassen. Den Honig und den Zucker unterrühren, erhitzen und 2 Min. kochen lassen. Die Nussmischung dazugeben und bei kleiner Hitze unter ständigem Rühren 3 Min. erhitzen. Das Mehl gründlich unterrühren.

3 Die Masse auf das Backpapier geben und mit einem zweiten Bogen Backpapier bedecken. Mit dem Nudelholz gleichmäßig dünn in Blechgröße ausrollen. Das obere Backpapier entfernen. Die Ränder mit einem großen Messer begradigen.

4 Die Müsliriegelplatte im Ofen (Mitte) in 12 – 15 Min. hellbraun backen. Aus dem Ofen nehmen, die Platte mitsamt dem Backpapier vom Blech ziehen und abkühlen lassen. Mit einem großen Messer in 20 Riegel schneiden. Die Müsliriegel zwischen Lagen aus Backpapier in einer luftdichten Dose aufbewahren.

HAFER-SCHOKO-COOKIES

40 g grobe Haferflocken | 50 ml Milch | 150 g weiße Schokolade | 150 g Walnusskerne (ersatzweise Pekannusskerne) | 225 g weiche Butter | 150 g Rohrohrzucker | 1 EL Vanillezucker | Salz | 1 Ei (Größe M) | 200 g Mehl | 1 TL Backpulver

Beliebt bei Krümelmonstern

Für 35 Stück | 25 Min. Zubereitung | 15 Min. Backen pro Blech
Pro Stück ca. 145 kcal, 2 g EW, 10 g F, 13 g KH

1 Den Backofen auf 180° vorheizen. Zwei Backbleche mit Backpapier belegen. Die Haferflocken 5 Min. in der Milch einweichen. Die Schokolade und die Nüsse mittelgrob hacken.

2 Butter, Zucker, Vanillezucker und 1 Prise Salz mit den Quirlen des Handrührgeräts sehr schaumig rühren. Das Ei unterrühren. Das Mehl mit dem Backpulver mischen. Haferflocken, Schokolade, Nüsse und Mehlmischung unter die Butter-Zucker-Masse ruhren.

3 Jeweils zwei gehäufte Teelöffel der Teigmischung mit den Händen zu Kugeln formen. Die Teigkugeln mit ca. 5 cm Abstand zueinander auf die Bleche legen und etwas flach drücken. Die Cookies im Ofen (Mitte) nacheinander in jeweils 12 – 15 Min. goldbraun backen. Vom Blech nehmen und auf einem Kuchengitter abkühlen lassen.

TIPP

Zum Dekorieren 50 g Kuvertüre (weiß, Vollmilch oder zartbitter) schmelzen. In eine Spritztüte oder einen Gefrierbeutel geben, eine kleine Ecke abschneiden, und die Cookies beliebig mit Schokoschlieren verzieren.

GROSS & BELIEBT

Darf es ein bisschen mehr sein? Aber sicher! Denn bei saftigem Heidelbeer-Cheesecake, lustigem Kuhflecken-Kuchen oder fruchtigem Aprikosenkuchen mit Streuseln greift jeder gerne auch ein zweites Mal zu – oder freut sich, wenn für den nächsten Tag noch ein Stückchen übrigbleibt.

MARMORKUCHEN

Von diesem saftigen Marmorkuchen kann meine Familie gar nicht genug bekommen! Durch den cremigen Schokoguss erhält der Klassiker den letzten Schliff.

Für den Rührteig:
250 g weiche Butter
250 g Zucker
1 EL Vanillezucker
Salz
5 Eier (Größe M)
150 g Sahne
300 g Mehl
3 TL Backpulver
150 g Bitterschokolade
2 TL Kakaopulver
Für den Guss:
150 g Zartbitterkuvertüre
50 g Puderzucker (gesiebt)
50 g Sahne
30 g Butter (in Stückchen)
Außerdem:
Butter und Mehl für die Form

Beliebter Klassiker

Für 1 Kranzform von 24 cm ∅ (18 Stücke) | 45 Min. Zubereitung | 45 Min. Backen
Pro Stück ca. 395 kcal, 5 g EW, 25 g F, 36 g KH

1 Die Butter mit den Quirlen des Handrührgeräts sehr schaumig rühren. Zucker, Vanillezucker und 1 Prise Salz dazugeben und ca. 2 Min. schaumig rühren. Die Eier nacheinander gründlich unterrühren. Die Sahne unterrühren. Das Mehl mit dem Backpulver mischen und auf niedriger Stufe unterrühren.

2 Die Schokolade hacken und über dem heißen Wasserbad schmelzen. Den Backofen auf 180° vorheizen. Die Kranzform einfetten und mit Mehl ausstreuen. Den Teig halbieren, unter eine Hälfte die lauwarme Schokolade und den Kakao rühren.

3 Die Hälfte des hellen Teiges in die Form füllen, den Schokoladenteig daraufgeben und den übrigen hellen Teig darübergeben. Eine Gabel in kreisförmigen Bewegungen durch alle Teigschichten ziehen, sodass ein Marmormuster entsteht. Kuchen im Ofen (unten) ca. 45 Min. backen. Die Stäbchenprobe machen. Aus dem Ofen nehmen und 10 Min. in der Form abkühlen lassen. Auf ein Kuchengitter stürzen und vollständig abkühlen lassen.

4 Für den Guss die Kuvertüre hacken und über dem heißen Wasserbad schmelzen. Puderzucker, Sahne und Butter unterrühren. Löffelweise auf dem Kuchen verteilen und fest werden lassen.

VARIANTE NUSSKUCHEN

225 g weiche Butter, 225 g Zucker und 1 Prise Salz schaumig rühren. 6 Eier nacheinander unterrühren. 150 g Mehl, 2 TL Backpulver und 250 g gemahlene Haselnüsse mischen und unterrühren. In eine vorbereitete Kranzform füllen und im Ofen (unten) bei 180° ca. 50 Min. backen. Nach dem Abkühlen mit Zitronen- oder Schokoladenglasur überziehen.

APFEL-MARZIPAN-ZUPFBROT

Es nennt sich Brot, ist aber eigentlich Kuchen. Taufen wir es daher Kuchenbrot und greifen beherzt zu: einfach Scheibe für Scheibe genießen, am liebsten noch ofenwarm!

Für den Teig:
500 g Mehl (Type 550)
30 g frische Hefe
150 ml Milch (lauwarm)
50 g Zucker
50 g weiche Butter
2 Eier (Größe M)
Salz

Für die Füllung:
150 g Rohrohrzucker
2 – 3 TL Zimtpulver
½ TL frisch geriebene Muskatnuss
100 g Marzipanrohmasse
75 g Butter
250 g säuerliche Äpfel

Außerdem:
Mehl zum Arbeiten
Butter für die Form

Ofenfrisch genießen!

Für 1 Kastenform von 30 cm Länge (ca. 20 Stücke) | 40 Min. Zubereitung | ca. 1 Std. 45 Min. Ruhen | 40 Min. Backen
Pro Stück ca. 220 kcal, 4 g EW, 8 g F, 32 g KH

1 Für den Teig das Mehl in eine Schüssel geben, in die Mitte eine Mulde drücken. Hefe hineinbröckeln, mit Milch, 1 TL Zucker und etwas Mehl vom Rand verrühren. Den Vorteig zugedeckt an einem warmen Ort ca. 15 Min. gehen lassen. Übrigen Zucker, Butter in Flöckchen, Eier und ½ TL Salz zum Vorteig geben. Zunächst mit den Knethaken des Handrührgeräts, dann mit den Händen 5 – 10 Min. zu einem glatten Teig verkneten. Den Teig zugedeckt 45 – 60 Min. gehen lassen, bis er sein Volumen verdoppelt hat.

2 Die Kastenform einfetten. Für die Füllung Zucker, Zimt und Muskatnuss mischen. Marzipan auf einer Küchenreibe grob reiben. Butter in einem Topf zerlassen. Äpfel waschen, vierteln, entkernen und in dünne Scheiben schneiden.

3 Den Teig auf wenig Mehl kurz durchkneten, 10 Min. ruhen lassen und ca. 1 cm dick ausrollen. Die Platte mit zerlassener Butter bestreichen. Marzipan, Äpfel und Zuckermischung (bis auf 2 EL) daraufstreuen (Bild 1). Platte in ca. 8 × 10 cm große, unordentliche Rechtecke schneiden. Je 4 – 5 Rechtecke aufeinanderstapeln (Bild 2). Die Kastenform aufrecht hinstellen und die Teigstapel hineingeben (Bild 3). Mit der übrigen Zuckermischung bestreuen und zugedeckt 20 Min. gehen lassen.

4 Backofen auf 180° vorheizen. Brot im Ofen (unten) 35 – 40 Min. backen. Herausnehmen, 20 Min. in der Form abkühlen lassen, dann herauslösen und auf einem Kuchengitter abkühlen lassen.

TIPP

Statt mit Äpfeln können Sie das Zupfbrot im Sommer auch mit 200 g frischen Roten Johannisbeeren füllen.

1
2
3

HEIDELBEER-CHEESECAKE

120 g Haferkekse | 60 g Butter | Salz | 600 g Frischkäse (Doppelrahmstufe) | 120 g Zucker | 25 g Speisestärke | 3 EL Zitronensaft | 1 TL abgeriebene Bio-Zitronenschale | 3 Eier (Größe M) | 250 g Heidelbeeren | 125 g Heidelbeer-Fruchtaufstrich

Fruchtige Verführung

Für 1 Springform von 20 cm ∅ (8 Stücke) | 35 Min. Zubereitung | 1 Std. 10 Min. Backen | 3 Std. Kühlen
Pro Stück ca. 480 kcal, 8 g EW, 31 g F, 41 g KH

1 Den Boden der Springform mit Backpapier belegen. Die Kekse in einem Gefrierbeutel mit einem Nudelholz fein zerbröseln. Die Butter in einem Topf zerlassen, mit den Keksbröseln und 1 Prise Salz mischen. Als Boden in die Form drücken und kalt stellen. Backofen auf 160° vorheizen.

2 Für den Belag Frischkäse, Zucker, Speisestärke, Zitronensaft und Zitronenschale mit den Quirlen des Handrührgeräts kurz, aber gründlich verrühren. Die Eier nacheinander gut unterrühren. Die Creme auf den Keksboden gießen und glatt streichen. Kuchen im Ofen (unten) 40 Min. backen.

3 Inzwischen die Heidelbeeren verlesen, waschen und gut abtropfen lassen. Nach den 40 Min. Backzeit die Hälfte der Beeren auf dem Kuchen verteilen. Den Kuchen in weiteren 30 Min. fertig backen (er ist beim Herausnehmen in der Mitte noch etwas weich).

4 Aus dem Ofen nehmen und mind. 3 Std. abkühlen lassen. Zum Servieren die übrigen Heidelbeeren auf dem Kuchen verteilen. Den Heidelbeer-Fruchtaufstrich leicht erwärmen und über die Beeren träufeln.

FRISCHKÄSETORTE MIT KIRSCHEN

125 g Schokoladen-Cookies | 40 g Butter | 150 g weiße Kuvertüre | 150 g Süßkirschen | ½ Vanilleschote | 200 g Frischkäse (Doppelrahmstufe) | 100 g Magerquark | 200 g Sahne | 125 g Kirsch-Fruchtaufstrich

Ohne Backen

Für 1 Springform von 20 cm ∅ (8 Stücke) | 35 Min. Zubereitung | 3 Std. Kühlen
Pro Stück ca. 425 kcal, 6 g EW, 29 g F, 34 g KH

1 Den Boden der Springform mit Backpapier belegen. 100 g Cookies in einem Gefrierbeutel mit einem Nudelholz fein zerbröseln. Die Butter in einem Topf zerlassen und mit den Keksbröseln mischen. Masse als Boden in die Form drücken. Kalt stellen.

2 Für die Creme die Kuvertüre hacken, über dem heißen Wasserbad schmelzen und lauwarm abkühlen lassen. Für den Belag die Kirschen waschen, trocken tupfen, entstielen und entsteinen. Die Vanilleschote der Länge nach aufschlitzen und das Mark mit einem spitzen Messer herauskratzen.

3 Frischkäse, Quark, Kuvertüre und Vanillemark mit den Quirlen des Handrührgeräts verrühren. Die Sahne steif schlagen und behutsam unter die Frischkäsemischung heben.

4 Die Frischkäsecreme auf den Keksboden geben und glatt streichen. Die Kirschen darauf verteilen. Die Torte zugedeckt mind. 3 Std. kalt stellen.

5 Zum Servieren die Torte aus der Springform lösen. Die übrigen Cookies grob hacken und auf die Torte streuen. Den Fruchtaufstrich in einem Topf etwas erwärmen und die Torte damit beträufeln.

KUHFLECKEN-KUCHEN

Der saftige Kuchen ist rasch zubereitet, hält sich lange frisch und wird garantiert der große Renner beim nächsten Kindergarten- oder Schulfest.

Für den Mürbeteig:
375 g Mehl
2 TL Backpulver
35 g Kakaopulver | Salz
200 g Zucker
1 Ei (Größe M)
200 g kalte Butter
Für die Quarkmasse:
175 g Butter
3 Eier (Größe M)
500 g Magerquark
150 g saure Sahne
150 g Zucker
2 EL Vanillezucker
1 Pck. Vanillepuddingpulver (zum Kochen)
1 TL abgeriebene Bio-Zitronenschale
Außerdem:
Butter für die Form
Mehl zum Arbeiten

Bei Groß und Klein beliebt

Für 1 Springform von 26 cm ∅ (12 Stücke) | 45 Min. Zubereitung | 30 Min. Kühlen | 55 Min. Backen
Pro Stück ca. 580 kcal, 12 g EW, 32 g F, 60 g KH

1 Für den Mürbeteig Mehl, Backpulver, Kakaopulver sowie 1 Msp. Salz mischen und auf die Arbeitsfläche geben. In die Mitte eine Mulde drücken, den Zucker daraufstreuen und das Ei hineingeben. Die Butter in Flöckchen auf dem Rand verteilen. Alle Teigzutaten vom Rand aus rasch zu einem glatten Teig verkneten. Den Teig in Frischhaltefolie gewickelt 30 Min. kalt stellen.

2 Inzwischen für die Quarkmasse die Butter in einem Topf zerlassen. Die Eier trennen. Quark mit saurer Sahne, 100 g Zucker, Vanillezucker, Eigelben, Puddingpulver und Zitronenschale verrühren. Die lauwarme Butter unterrühren. Die Eiweiße mit dem übrigen Zucker halb steif schlagen und behutsam unter die Quarkmasse heben.

3 Den Backofen auf 180° vorheizen. Die Springform einfetten. Zwei Drittel des Teiges auf wenig Mehl etwas größer als die Form rund ausrollen, in die Form legen und dabei einen Rand bilden. Die Quarkmasse einfüllen. Den übrigen Teig ausrollen und kleine Stückchen davon als »Kuhflecken« auf der Quarkmasse verteilen. Den Kuhflecken-Kuchen im Ofen (unten) 50 – 55 Min. backen. Aus dem Ofen nehmen und 30 Min. in der Form abkühlen lassen. Dann vorsichtig aus der Form lösen und auf einem Kuchengitter vollständig abkühlen lassen.

VARIANTE FRUCHTIG MIT KIRSCHEN

Für Kuhflecken-Kuchen mit Kirschen 400 g Süß- oder Sauerkirschen waschen und entsteinen oder 1 Glas Sauerkirschen (Abtropfgewicht 350 g) auf einem Sieb gut abtropfen lassen. Auf der Quarkmasse verteilen und weiterverfahren, wie im Rezept oben beschrieben.

APRIKOSENKUCHEN MIT STREUSELN

Von diesem Kuchen kann meine Familie nie genug haben – die Kombination aus Rührteig, Früchten und knusprigen Mandelstreuseln ist aber auch unwiderstehlich!

Für den Belag:
ca. 1,25 kg Aprikosen
200 g Aprikosenkonfitüre
100 g Mandelblättchen
Für die Streusel:
200 g Butter
150 g Zucker
150 g Mehl
100 g blanchierte gemahlene Mandeln
Salz
Für den Rührteig:
250 g weiche Butter
225 g Zucker
4 Eier (Größe M)
250 g Mehl
2 gestrichene TL Backpulver
1 TL abgeriebene Bio-Zitronenschale
Außerdem:
Butter für das Backblech

Für viele Kuchengäste

Für 1 Backblech (16 Stücke) | 45 Min. Zubereitung | 40 Min. Backen
Pro Stück ca. 550 kcal, 8 g EW, 32 g F, 56 g KH

1 Den Backofen auf 200° vorheizen. Ein Backblech einfetten. Für den Belag die Aprikosen waschen, gut abtropfen lassen, halbieren und entsteinen.

2 Für die Streusel Butter, Zucker, Mehl, gemahlene Mandeln und 1 Prise Salz in eine Schüssel geben und mit den Fingern zu Streuseln verarbeiten. Die Streusel zugedeckt kalt stellen.

3 Für den Rührteig die Butter und den Zucker mit den Quirlen des Handrührgeräts schaumig rühren, bis sich der Zucker gelöst hat. Die Eier nacheinander gründlich unterrühren. Das Mehl und das Backpulver mischen und mit der Zitronenschale unter die Buttermasse rühren.

4 Den Teig auf dem Backblech glatt streichen. Die Aprikosenkonfitüre vorsichtig darauf verstreichen. Die Aprikosenhälften mit den Schnittflächen nach unten darauf verteilen. Dann die Streusel und anschließend die Mandelblättchen darüberstreuen. Den Kuchen im Ofen (Mitte) in 35 – 40 Min. goldgelb backen. Aus dem Ofen nehmen und auf dem Blech abkühlen lassen.

VARIANTE KNUSPRIGER RHABARBERKUCHEN

Den Rührteig wie im Rezept oben beschrieben zubereiten. Für den Belag 1 kg Rhabarber putzen, abziehen und in ca. 4 cm lange Stücke schneiden. Den Teig auf dem gefetteten Backblech glatt streichen und den Rhabarber darauf verteilen. 200 g Nussmischung grob hacken und gleichmäßig darüberstreuen. Mit 75 g Zucker oder Zimt-Zucker-Mischung bestreuen und 50 g Butter in Flöckchen darauf verteilen. Im Ofen (Mitte) bei 200° 30 – 35 Min. backen.

KALTER HUND

50 g Mandeln | 50 g Haselnusskerne | 125 g Zucker | 250 g Bitterschokolade | 250 g Butter | ca. 40 g Kakaopulver | evtl. 1 TL Zimtpulver | ca. 150 g Butterkekse

Klassiker mit Knuspereffekt

Für 1 Kastenform von 20 cm Länge (20 Stücke) | 40 Min. Zubereitung | mind. 4 Std. Kühlen
Pro Stück ca. 255 kcal, 3 g EW, 20 g F, 17 g KH

1 Die Mandeln und Haselnüsse möglichst gleichmäßig fein hacken. In einer Pfanne ohne Fett bei mittlerer Hitze hellbraun rösten, mit 25 g Zucker bestreuen und kurz karamellisieren lassen. Dann auf einen Teller geben und abkühlen lassen.

2 Die Schokolade in Stückchen brechen, die Butter in Würfel schneiden und beides in einem Topf bei kleiner Hitze unter Rühren schmelzen. Übrigen Zucker, 30 g Kakaopulver und nach Belieben den Zimt unterrühren. Mandeln und Nüsse unterrühren. Die Schokocreme etwas abkühlen lassen.

3 Die Kastenform mit Wasser ausspülen und so mit Frischhaltefolie auslegen, dass die Folie an beiden Seiten etwas übersteht. 2 – 3 EL Schokocreme in der Form verstreichen und mit Butterkeksen bedecken. So fortfahren, bis alle Zutaten verbraucht sind, die letzte Schicht sollte aus Keksen bestehen.

4 Den Kuchen mindestens 4 Std. oder am besten über Nacht kalt stellen. Mithilfe der Frischhaltefolie aus der Form lösen und auf eine Kuchenplatte stürzen. Den Kuchen mit dem restlichen Kakaopulver bestäuben und mit einem scharfen Messer in etwa 1 cm dicke Scheiben schneiden.

MAULWURFSHÜGEL

100 g Zartbitterschokolade | 100 g Haselnusskerne | 75 g weiche Butter | 175 g Zucker | 6 Eier (Größe M) | 2 EL Kakaopulver | 3 TL Backpulver | Salz | 400 g Sahne | 2 Pck. Sahnesteif | 400 g Kirschkompott (aus dem Kühlregal) | Butter und Mehl für die Form

Schokoladig-fruchtig

Für 1 Gugelhupfform von 20 cm ∅ (12 Stücke) | 40 Min. Zubereitung | 2 Std. Abkühlen | 1 Std. Backen
Pro Stück ca. 410 kcal, 7 g EW, 28 g F, 32 g KH

1 Die Form einfetten und mit Mehl ausstreuen. Den Backofen auf 180° vorheizen. Die Schokolade in Stücke brechen und mit den Nüssen im Blitzhacker fein zerkleinern. Butter und 75 g Zucker mit den Quirlen des Handrührgeräts sehr schaumig rühren. Die Eier trennen. Eigelbe nach und nach unter die Buttermischung rühren. Schoko-Nuss-Mischung, 1 EL Kakao und das Backpulver unterrühren. Eiweiße mit 1 Prise Salz und 75 g Zucker steif schlagen und unter den Teig heben.

2 Den Teig in die Form füllen. Im Ofen (Mitte) ca. 1 Std. backen. Herausnehmen, 15 Min. in der Form ruhen lassen, dann auf ein Kuchengitter stürzen und mindestens 2 Std. abkühlen lassen.

3 Vom Kuchen einen ca. 3 cm dicken »Deckel« abschneiden und mit den Fingern zerkrümeln. Unteren Kuchenteil auf eine Platte setzen. Sahne mit Sahnesteif und übrigem Zucker steif schlagen, ein Drittel davon unter das Kirschkompott heben. Die Mischung in das Loch in der Kuchenmitte füllen. Übrige Sahne auf den Kuchen häufeln, sodass er wie ein Maulwurfshügel aussieht. Mit Kuchenbröseln bestreuen und mit 1 EL Kakao bestäuben.

FESTLICH & BESONDERS

Große und kleine Zuckerbäcker(innen) aufgepasst: Holt das feine Geschirr aus dem Schrank, legt ein frisches Tischtuch auf und zündet schon einmal die Kerzen an – heute wird gefeiert! Klar, dass dann auch üppig verzierte Torten auf der Festtagstafel stehen oder traditionelles Gebäck mit von der Partie ist.

ERDBEER-HIMMELSTORTE

Aromatische Erdbeeren in sahniger Mascarponecreme zwischen zwei Rührteigböden, die mit einer Knusperschicht aus Baiser veredelt wurden – einfach himmlisch!

Für den Rührteig:
4 Eier (Größe M)
175 g weiche Butter
300 g Zucker
175 g Mehl
2 TL Backpulver
1 TL Zitronensaft
75 g Mandelblättchen
Für die Füllung:
400 g Erdbeeren
250 g Sahne
500 g Mascarpone (ital. Frischkäse)
60 g Zucker
1 EL Vanillezucker
1 TL abgeriebene Bio-Zitronenschale
Außerdem:
2 Springformen (à 26 cm ∅)

Gästefein

Für 1 Springform von 26 cm ∅ (12 Stücke) | 50 Min. Zubereitung | 1 Std. Abkühlen | 25 Min. Backen pro Boden | 2 Std. Kühlen
Pro Stück ca. 615 kcal, 8 g EW, 44 g F, 46 g KH

1 Die Böden von zwei Springformen mit Backpapier belegen. Für den Teig die Eier trennen. Die Butter und 100 g Zucker mit den Quirlen des Handrührgeräts gut schaumig rühren. Die Eigelbe unterrühren. Das Mehl mit dem Backpulver mischen und unter die Buttermischung rühren. Den Teig auf die Formen verteilen und glatt streichen. Den Backofen auf 180° vorheizen.

2 Für das Baiser die Eiweiße mit Zitronensaft steif schlagen, den übrigen Zucker unter weiterem Schlagen einrieseln lassen. Die Baisermasse auf den Teigböden verstreichen und mit einem Esslöffel wolkenartige Vertiefungen hineindrücken. Die Mandelblättchen darauf verteilen.

3 Die Böden nacheinander im Ofen (Mitte) in jeweils ca. 25 Min. goldbraun backen. Aus dem Ofen nehmen und ca. 1 Std. in den Formen abkühlen lassen, dann vorsichtig herauslösen.

4 Für die Füllung die Erdbeeren waschen, trocken tupfen, putzen und klein schneiden. Die Sahne steif schlagen. Mascarpone, Zucker, Vanillezucker und Zitronenschale mit den Quirlen des Handrührgeräts luftig aufschlagen. Die Erdbeeren untermischen und die Sahne unterheben. Die Füllung auf einem Tortenboden verstreichen, den zweiten Tortenboden darauflegen und leicht andrücken. Die Torte zugedeckt ca. 2 Std. kalt stellen.

TIPP

Die Böden mit der Baiserhaube sollten zum Abkühlen in der Form bleiben. Wer nur eine Springform der passenden Größe hat: Zum Backen eignet sich auch ein entsprechend großer Tortenring aus Metall, der mit Backpapier ausgelegt wird.

LINZER HERZEN

1 Vanilleschote | 150 g weiche Butter | 75 g Puderzucker | 1 Ei (Größe M) | Salz | 150 g gemahlene Mandeln | 150 g Mehl | je ½ TL Zimt- und Nelkenpulver | ca. 150 g rotes Johannisbeergelee | Mehl zum Arbeiten | Puderzucker zum Bestreuen

Winterlich-würzig

Für ca. 35 Stück | 1 Std. Zubereitung | 2 Std. Kühlen | 12 Min. Backen
Pro Stück ca. 95 kcal, 2 g EW, 6 g F, 8 g KH

1 Die Vanilleschote der Länge nach aufschlitzen und das Mark herauskratzen. Die Butter und den Puderzucker mit den Quirlen des Handrührgeräts schaumig rühren. Das Ei und 1 Prise Salz unterrühren. Gemahlene Mandeln, Mehl, Vanillemark, Zimt- und Nelkenpulver dazugeben und kurz unter die Buttermasse rühren.

2 Die Zutaten mit den Händen zu einem glatten Teig verkneten. Den Teig zu einer Kugel formen, etwas flach drücken und in Frischhaltefolie gewickelt ca. 2 Std. kalt stellen.

3 Den Backofen auf 150° vorheizen. Ein Backblech mit Backpapier belegen. Den Teig auf wenig Mehl ca. 3 mm dünn ausrollen und ca. 70 Herzen ausstechen. Aus der Hälfte der Herzen mit einem kleinen runden Ausstecher Löcher ausstechen. Die Herzen auf das Blech legen und im Ofen (Mitte) in ca. 10 Min. goldgelb backen. Vom Blech nehmen und auf einem Kuchengitter abkühlen lassen.

4 Das Gelee leicht erwärmen und glatt rühren. Auf die Herzen ohne Loch jeweils einen kleinen Klecks Gelee geben. Die Herzen mit Loch mit Puderzucker bestreuen. Auf jedes mit Gelee bestrichene Herz ein Herz mit Loch setzen.

TERRASSENPLÄTZCHEN

250 g Mehl | 2 Eigelb (Größe M) | Salz | 100 g Zucker | 1 EL Vanillezucker | 150 g kalte Butter | ca. 150 g Himbeergelee | Mehl zum Arbeiten | Puderzucker zum Bestreuen

Weihnachtsklassiker

Für ca. 35 Stück | 1 Std. Zubereitung | 2 Std. Kühlen | 10 Min. Backen pro Blech
Pro Stück ca. 80 kcal, 1 g EW, 4 g F, 11 g KH

1 Für den Mürbeteig das Mehl auf die Arbeitsfläche häufen, in die Mitte eine Mulde drücken. Die Eigelbe und 1 Prise Salz hineingeben. Den Zucker, den Vanillezucker und die Butter in kleinen Stückchen auf dem Rand verteilen. Die Zutaten vom Rand aus mit den Händen rasch zu einem glatten Teig verkneten. Den Teig zur Kugel formen, etwas flach drücken und in Frischhaltefolie gewickelt ca. 2 Std. kalt stellen.

2 Zwei Backbleche mit Backpapier belegen. Den Backofen auf 180° vorheizen. Den Mürbeteig auf wenig Mehl 2 – 3 mm dünn ausrollen. Nach und nach mit drei runden Ausstechformen (mit Wellenrand) von unterschiedlicher Größe (ca. 2,5 cm, 4 cm und 5,5 cm ∅) jeweils die gleiche Anzahl Plätzchen ausstechen.

3 Die Plätzchen auf die Bleche legen und nacheinander im Ofen (Mitte) in jeweils 7 – 10 Min. goldgelb backen. Vom Blech nehmen und auf einem Kuchengitter abkühlen lassen.

4 Das Himbeergelee leicht erwärmen und glatt rühren. Jeweils etwas davon mittig auf die Plätzchen mit dem mittleren und dem großen Durchmesser geben und je drei Plätzchengrößen terrassenartig aufeinandersetzen. Die Plätzchen mit Puderzucker bestreuen.

CRÊPETORTE MIT BEERENCREME

So viel Arbeit, höre ich den ein oder anderen Seufzer. Doch es lohnt sich! Am besten überlassen Sie das Crêpes-Backen den Kindern, dann können Sie die Creme zubereiten.

Für die Crêpes:
250 g Mehl
Salz
2 EL Zucker
400 ml Milch
3 Eier (Größe M)
Öl zum Backen
Für die Füllung:
8 Blatt weiße Gelatine
250 g Magerquark
250 g Mascarpone
(ital. Frischkäse)
75 g Zucker
2 EL Zitronensaft
400 g Himbeeren
200 g Sahne
Außerdem:
einige Melisse- oder
Minzeblätter
1 EL ungesalzene Pistazien-
kerne

Sonntagsfein

Für 8 Stücke |
1 Std. 50 Min. Zubereitung |
ca. 6 Std. Ruhen und Kühlen
Pro Stück ca. 505 kcal,
16 g EW, 29 g F, 43 g KH

1 Für die Crêpes in einer Schüssel Mehl, 1 Prise Salz, Zucker, Milch und 150 ml Wasser mit dem Schneebesen zu einem glatten Teig verrühren. Die Eier unterrühren und den Crêpeteig zugedeckt 15 Min. ruhen lassen.

2 Den Teig nochmals durchrühren und daraus nacheinander 12 – 14 dünne Crêpes backen. Dafür eine beschichtete Pfanne (18 cm ∅) erhitzen und dünn mit Öl auspinseln. Jeweils eine kleine Kelle Teig hineingeben, durch Schwenken der Pfanne gleichmäßig verteilen und den Crêpe bei mittlerer Hitze in 1 – 2 Min. pro Seite goldgelb backen. Fertige Crêpes auf einem Teller stapeln und abkühlen lassen.

3 Für die Füllung die Gelatine 10 Min. in kaltem Wasser einweichen. Quark, Mascarpone, Zucker und Zitronensaft glatt verrühren. Die Himbeeren verlesen. Einige schöne Beeren für die Dekoration kalt stellen, die übrigen Beeren pürieren. Die Hälfte des Himbeerpürees in einem Topf erwärmen, die Gelatine tropfnass ausdrücken und darin auflösen. 2 EL Quarkcreme unter die Gelatinemischung rühren, dann diese Mischung mit dem übrigen Himbeerpüree unter die übrige Quarkcreme rühren. Die Sahne steif schlagen und behutsam unter die Creme heben. Die Beerencreme 30 Min. kalt stellen.

4 Einen Crêpe auf eine Kuchenplatte legen und gleichmäßig mit 2 gehäuften EL Creme bestreichen, dabei einen kleinen Rand frei lassen. Mit einem Crêpe bedecken und diesen ebenfalls mit 2 EL Creme bestreichen. So fortfahren, bis die Hälfte der Crêpes aufeinandergestapelt ist. Den Crêpeturm 30 – 60 Min. kalt stellen, bis die Creme fest und der Stapel stabil ist. Dann mit dem Stapeln auf die gleiche Weise fortfahren, bis alle Crêpes und die Creme aufgebraucht sind. Die oberste Schicht sollte etwas Creme sein. Die Torte mindestens 4 Std. kalt stellen.

5 Kurz vor dem Servieren die Torte mit den beiseitegestellten Beeren und einigen Melisse- oder Minzeblättern verzieren. Die Pistazien grob hacken und daraufstreuen.

SCHOKOLADENTORTE

Wohl kaum ein Kind, das nicht von Schokotorte auf dem Geburtstagstisch träumt! Diese punktet nicht nur in Sachen Geschmack, sondern lässt sich auch prima vorbereiten.

Für den Biskuit:
4 Eier (Größe M)
2 Eigelb (Größe M)
150 g Zucker
Salz
3 EL Rapsöl
3 EL Milch
140 g Mehl
25 g Kakaopulver
2 TL Backpulver

Für die Creme:
200 g Zartbitterkuvertüre
100 g Vollmilchkuvertüre
100 g Butter
500 g Sahne

Für die Dekoration:
2 TL Kakaopulver zum Bestreuen
ca. 200 g Zartbitterkuvertüre (als ganzes Stück)

Schoko-Prachtstück

Für 1 Springform von 26 cm ∅ (12 Stücke) | 1 Std. 10 Min. Zubereitung | 30 Min. Backen | 1 Nacht Kühlen
Pro Stück ca. 560 kcal, 8 g EW, 40 g F, 43 g KH

1 Am Vortag für den Biskuit den Backofen auf 200° vorheizen. Den Boden der Springform mit Backpapier belegen. Eier, Eigelbe, Zucker und 1 Prise Salz in einer Schüssel mit den Quirlen des Handrührgeräts gut schaumig rühren. Öl und Milch unterrühren. Mehl mit Kakao- und Backpulver mischen, auf den Eischaum sieben und unterheben. Masse in die Form füllen und glatt streichen. Im Ofen (Mitte) ca. 30 Min. backen. Aus dem Ofen nehmen und in der Form abkühlen lassen.

2 Ebenfalls am Vortag für die Creme beide Kuvertüresorten hacken und mit Butter und Sahne in einem Topf bei kleiner Hitze unter Rühren schmelzen. In eine Schüssel umfüllen und direkt auf der Oberfläche mit Frischhaltefolie abdecken, damit sich keine Haut bilden kann. Abkühlen lassen und über Nacht kalt stellen.

3 Am nächsten Tag den Biskuit aus der Form lösen und einmal waagerecht durchschneiden. Den unteren Boden auf eine Kuchenplatte legen. Die Schokoladensahne mit den Quirlen des Handrührgeräts nur ganz kurz dick-cremig aufschlagen. Die Hälfte der Creme auf den unteren Biskuit streichen, den oberen Boden darauflegen (Bild 1). Oberseite und Rand der Torte mit der übrigen Creme bestreichen (Bild 2).

4 Für die Dekoration die Torte mit Kakaopulver bestreuen. Die Kuvertüre an der Unterseite mit einem Föhn leicht erwärmen und, sobald sie glänzt, mit einem Sparschäler Locken abschälen (Bild 3). So fortfahren, bis die Hälfte der Kuvertüre zu Röllchen geformt ist (übrige Kuvertüre anderweitig verwenden). Die Locken fest werden lassen und die Torte damit verzieren. Torte locker mit Frischhaltefolie bedeckt kalt stellen.

1

2

3

OSTERLAMM MIT KOKOS

100 g weiche Butter | 75 g Zucker | 2 Eier (Größe M) | 1 TL abgeriebene Bio-Zitronenschale | Salz | 75 g Mehl | 30 g Speisestärke | 1 TL Backpulver | ca. 50 g Kokosraspel | 50 g weiße Kuvertüre | 2 TL Puderzucker zum Bestreuen | weiche Butter und Mehl für die Form

Für die Ostertafel

Für 1 Lammbackform von 0,7 l Inhalt (ca. 6 Stücke) | 35 Min. Zubereitung | 40 Min. Backen
Pro Stück ca. 380 kcal, 5 g EW, 26 g F, 33 g KH

1 Backofen auf 180° vorheizen. Die Form sehr gut mit Butter einfetten, mit Mehl ausstreuen und zusammensetzen. Für den Teig Butter und 50 g Zucker mit den Quirlen des Handrührgeräts schaumig rühren. Die Eier trennen. Eigelbe und Zitronenschale unter die Butter-Zucker-Masse rühren. Die Eiweiße mit übrigem Zucker und 1 Prise Salz steif schlagen. Den Eischnee auf die Buttercreme geben. Mehl, Stärke, Backpulver und 30 g Kokosraspel mischen, auf den Eischnee geben und alles vorsichtig unterziehen.

2 Den Teig in die Form füllen und im Ofen (unten) ca. 40 Min. backen. Sobald an einem Holzstäbchen kein Teig mehr haften bleibt, ist der Kuchen fertig. In der Form ca. 10 Min. abkühlen lassen. Die Form öffnen, das Lamm vorsichtig herausnehmen und auf einem Kuchengitter vollständig abkühlen lassen. Überstehenden Teig nach Belieben abschneiden, sodass das Lamm stehen kann.

3 Kuvertüre hacken und über dem heißen Wasserbad schmelzen. In einen Gefrierbeutel geben, eine Ecke abschneiden und Locken aus Kuvertüre auf das Lamm spritzen. Mit den übrigen Kokosraspeln dekorieren und mit Puderzucker bestreuen.

OSTERKRÄNZE

225 g Magerquark | 9 EL Milch | 9 EL Rapsöl | 120 g Zucker | 1 TL abgeriebene Bio-Zitronenschale | Salz | 450 g Mehl | 1 Pck. Backpulver | 1 Eigelb und 2 EL Milch zum Bestreichen | 2 EL Mandelblättchen und 1 – 2 EL Hagelzucker zum Bestreuen | Mehl zum Arbeiten

Dekoratives Flechtwerk

Für 4 Stück |
40 Min. Zubereitung | 20 Min. Backen
Pro Stück ca. 830 kcal, 22 g EW, 27 g F, 124 g KH

1 Für den Teig Quark, Milch, Öl, Zucker, Zitronenschale, 1 Msp. Salz und 150 g Mehl in einer Schüssel mit den Quirlen des Handrührgeräts verrühren. Das übrige Mehl mit dem Backpulver mischen und unter die Quarkmasse kneten. Teig auf der bemehlten Arbeitsfläche kurz durchkneten und in 4 gleich große Portionen teilen.

2 Jede Teigportion wiederum in 3 Stücke teilen und diese auf der Arbeitsfläche mit den Händen zu dünnen Strängen von ca. 35 cm Länge rollen. Jeweils 3 Stränge zu einem Zopf flechten und die Enden zusammendrücken. Ein Backblech mit Backpapier belegen und die Kränze darauflegen.

3 Den Backofen auf 180° vorheizen. Eigelb und Milch verquirlen und die Kränze damit bestreichen. Mit Mandelblättchen und Hagelzucker bestreuen. Im Ofen (Mitte) in 15 – 20 Min. goldgelb backen. Kränze vom Blech nehmen und auf einem Kuchengitter abkühlen lassen.

TIPP

Besonders hübsch sehen die Osterkränze aus, wenn Sie bunt gefärbte Eier oder Zuckereier in das Loch in der Mitte füllen.

Nach all dem Süßen brauchen wir zur Abwechslung etwas Herzhaftes: Knusprige Gemüsewaffeln locken mit ihrem Duft, Mini-Pizzas laden zum Belegen nach eigenem Gusto ein und würzige Muffins sind eine willkommene Abwechslung zum Abendbrot oder eignen sich prima als Füllung für die Brotzeitbox.

MINI-PIZZAS MIT BUNTEM BELAG

Der Hit für Geburtstagsfeste: Lassen Sie die Kids ihre Pizza selbst belegen! Thunfisch oder Oliven können Sie durch Schinken oder Mais ersetzen – erlaubt ist, was schmeckt!

Für den Hefeteig:
300 g Mehl
½ Würfel Hefe (20 g)
Zucker
Salz
2 EL Olivenöl
Für den Belag:
1 rote oder gelbe Paprikaschote
1 Dose Thunfischfiletstücke (150 g Abtropfgewicht)
250 g Mozzarella
100 g mittelalter Gouda
250 g Tomatensauce mit Kräutern (aus dem Glas)
16 schwarze Oliven
2 TL getrockneter Oregano
frisch gemahlener schwarzer Pfeffer
1 EL Olivenöl zum Beträufeln
2 Stängel Basilikum
Außerdem:
Mehl zum Arbeiten

Für die Geburtstagsparty

Für 8 Stück | 50 Min. Zubereitung | 1 Std. 10 Min. Ruhen | ca. 12 Min. Backen pro Blech
Pro Stück ca. 345 kcal, 18 g EW, 16 g F, 31 g KH

1 Für den Hefeteig das Mehl in eine Schüssel geben, in die Mitte eine Mulde drücken. Die Hefe hineinbröckeln und 1 Prise Zucker daraufstreuen. Mit 150 ml lauwarmem Wasser und etwas Mehl vom Rand verrühren. Den Vorteig zugedeckt an einem warmen Ort 15 Min. gehen lassen. 1 TL Salz und Olivenöl dazugeben. Zuerst mit den Knethaken des Handrührgeräts, dann mit den Händen ca. 5 Min. zu einem glatten Teig verkneten. Teig zugedeckt ca. 45 Min. gehen lassen, bis er sein Volumen verdoppelt hat.

2 Inzwischen für den Belag die Paprikaschote halbieren, entkernen, waschen und in dünne Streifen schneiden. Den Thunfisch abtropfen lassen. Den Mozzarella trocken tupfen und in Stückchen reißen, den Gouda grob reiben.

3 Den Teig auf der bemehlten Arbeitsfläche kurz mit den Händen durchkneten und in acht Portionen teilen. Jede Portion zu einer Kugel formen und zugedeckt 10 Min. ruhen lassen. Zwei Backbleche mit Backpapier belegen. Backofen auf 240° vorheizen. Die Teigkugeln auf der bemehlten Arbeitsfläche zu runden Fladen von ca. 15 cm Ø ausrollen. Auf die Bleche legen. Mit Tomatensauce bestreichen, mit Thunfisch, Paprika und Oliven belegen. Mit Oregano und den beiden Käsesorten bestreuen. Pizzas mit Pfeffer würzen und mit Olivenöl beträufeln.

4 Die Pizzas nacheinander im Ofen (Mitte) in ca. 12 Min. goldbraun backen. Bei Backen mit Umluft beide Bleche in den Ofen (unten und Mitte) schieben, und die Bleche nach der Hälfte der Backzeit tauschen. Inzwischen das Basilikum waschen und trocken schütteln, die Blätter klein zupfen und auf die fertig gebackenen Pizzas streuen.

MOHNBAGELS

Die gehen weg wie warme Semmeln! Meine Kinder jedenfalls lieben diese Kringel. Was nicht gleich gegessen wird, kommt bei uns am nächsten Tag belegt in den Sandwichtoaster.

300 g Mehl (Type 550)
200 g Weizenvollkornmehl
½ Würfel Hefe (20 g)
Salz
1 EL Zucker
30 g weiche Butter
Außerdem:
Mehl zum Arbeiten
1 Ei zum Bestreichen
3 EL Mohnsamen zum Bestreuen

Heiß geliebter Klassiker

Für 8 Stück |
40 Min. Zubereitung |
1 Std. 45 Min. Ruhen |
20 Min. Backen pro Blech
Pro Stück ca. 270 kcal,
9 g EW, 6 g F, 44 g KH

1 Für den Teig beide Mehlsorten in eine Schüssel geben, in die Mitte eine Mulde drücken. Hefe hineinbröckeln, 340 ml lauwarmes Wasser, 1 TL Salz, Zucker und Butter in Flöckchen dazugeben. Mit den Knethaken des Handrührgeräts ca. 5 Min. zu einem glatten Teig verkneten. Den Teig zugedeckt an einem warmen Ort ca. 1 Std. gehen lassen, bis sich das Volumen verdoppelt hat.

2 Den Teig auf der bemehlten Arbeitsfläche kurz durchkneten und in 8 Portionen teilen. Jede Portion auf wenig Mehl zu einer glatten Kugel formen. Mit dem Zeigefinger in der Mitte jeder Kugel ein Loch formen und den Teigling auf der Arbeitsfläche so lange um den Finger kreisen lassen, bis sich das Loch gut geweitet hat (Bild 1). Die Teigringe zugedeckt an einem warmen Ort ca. 45 Min. gehen lassen.

3 Zwei Backbleche mit Backpapier belegen. In einem Topf 3 l Wasser mit 1 EL Salz aufkochen. 4 Teigringe ins kochende Wasser gleiten lassen und 30 Sek. kochen lassen. Mit einer Schaumkelle herausnehmen, kurz abtropfen lassen und auf die Bleche legen (Bild 2). Mit den übrigen Teigringen genauso verfahren. Den Backofen auf 200° vorheizen.

4 Das Ei verquirlen und die Bagels damit bestreichen. Mit Mohn bestreuen (Bild 3). Die Bagels nacheinander im Ofen (Mitte) in je ca. 20 Min. goldbraun backen. Vom Blech nehmen und auf einem Kuchengitter abkühlen lassen.

TIPP **Die Bagels schmecken süß mit Butter, Honig oder Marmelade bestrichen, aber auch herzhaft belegt mit Käse, Wurst, Schinken, Räucherlachs oder vegetarischen Aufstrichen.**

1
2
3

SPINATWAFFELN MIT TOMATEN

300 g TK-Blattspinat | 6 – 8 getrocknete Tomaten (in Öl eingelegt) | 150 g Butter | 50 g Parmesan | 250 g Vollkornmehl (Weizen oder Dinkel) | 1 TL Backpulver | 2 EL Sesamsamen | 4 Eier (Größe M) | ¼ l Milch | Salz | Pfeffer | frisch geriebene Muskatnuss | Öl für das Waffeleisen

Würzig-vollwertig

Für 8 Stück | 45 Min. Zubereitung |
2 Std. Auftauen | 15 Min. Ruhen
Pro Stück ca. 375 kcal, 12 g EW, 27 g F, 21 g KH

1 Den Blattspinat in einem Sieb auftauen lassen, mit den Händen gut ausdrücken und grob hacken. Die Tomaten gut abtropfen lassen und fein hacken. Die Butter in einem Topf zerlassen und lauwarm abkühlen lassen. Den Parmesan fein reiben und mit dem Mehl, dem Backpulver und den Sesamsamen vermischen.

2 Die Eier mit der Milch verquirlen. Die Mehlmischung unterrühren. Zunächst die Tomaten und den Spinat unter den Teig rühren, dann die flüssige Butter. Den Waffelteig kräftig mit Salz, Pfeffer sowie Muskatnuss würzen und 15 Min. ruhen lassen.

3 Das Waffeleisen vorheizen und die Backflächen leicht einfetten. Aus dem Teig nacheinander 8 Waffeln backen. Dafür je ca. 2 gehäufte EL Teig auf die untere Backfläche geben und das Waffeleisen schließen. Die Waffel in ca. 2 Min. hellbraun backen. Fertige Waffeln auf einem Teller stapeln.

TIPP

Für einen Dip 100 g getrocknete Tomaten (in Öl) abtropfen lassen und hacken. Tomaten, 1 Knoblauchzehe, 1 EL Tomatenmark, 200 g Quark und ca. 50 ml Milch mit dem Stabmixer pürieren. Mit Salz und Pfeffer würzen.

MÖHRENWAFFELN MIT KÄSE

150 g Vollkornmehl (Weizen oder Dinkel) | 1 TL Backpulver | 3 Eier (Größe M) | ¼ l Milch | Salz | 250 g Möhren | 2 Frühlingszwiebeln | 4 – 6 Stängel Basilikum | 75 g mittelalter Gouda | Pfeffer | Öl für das Waffeleisen

Herzhaftes für Gemüsefans

Für 8 Stück |
45 Min. Zubereitung | 15 Min. Ruhen
Pro Stück ca. 160 kcal, 8 g EW, 8 g F, 14 g KH

1 Das Mehl mit dem Backpulver mischen. Die Eier mit der Milch und ½ TL Salz verquirlen. Die Eiermilch mit der Mehlmischung zu einem glatten Teig verrühren. Den Teig 15 Min. ruhen lassen.

2 Inzwischen die Möhren schälen und grob raspeln. Die Frühlingszwiebeln putzen, waschen und in feine Röllchen schneiden. Das Basilikum waschen und trocken schütteln, die Blätter abzupfen und fein hacken. Den Gouda fein reiben.

3 Möhrenraspel, Frühlingszwiebelröllchen, Basilikum und geriebenen Käse unter den Teig rühren. Den Waffelteig kräftig mit Pfeffer würzen.

4 Das Waffeleisen vorheizen und die Backflächen leicht mit Öl einfetten. Aus dem Teig nacheinander 8 Waffeln backen. Dafür je ca. 2 gehäufte EL Teig auf die untere Backfläche geben und das Waffeleisen schließen. Die Waffel in ca. 2 Min. knusprig-hellbraun backen. Fertige Möhrenwaffeln auf einem Teller stapeln.

TIPP

Für Kürbiswaffeln die Möhren durch 225 g Kürbisfruchtfleisch ersetzen und dem Waffelteig 1 TL Currypulver hinzufügen.

SCHINKENHÖRNCHEN

Der Teig für die pikanten Hörnchen ist zwar etwas aufwendig, dafür aber unglaublich mürbe und aromatisch. Wenn's schnell gehen soll, nehmen Sie fertigen Blätterteig.

Für den Teig:
275 g Magerquark
150 g Mehl
100 g Weizenvollkornmehl
Salz
250 g kalte Butter

Für die Füllung:
2 Zwiebeln (ca. 150 g)
1 Bund Petersilie
2 Tomaten
300 g gekochter Schinken
2 EL Butter
schwarzer Pfeffer

Außerdem:
Mehl zum Arbeiten
1 Eigelb und 2 EL Milch zum Bestreichen
Kümmel- oder Sesamsamen zum Bestreuen

Herrlich würzig

Für 16 Stück | 1 Std. Zubereitung | 20 Min. Abtropfen | mind. 2 Std. Kühlen | 25 Min. Backen pro Blech
Pro Stück ca. 220 kcal, 9 g EW, 15 g F, 12 g KH

1 Ein Sieb in eine Schüssel hängen, mit einem sauberen Küchentuch auslegen und den Quark darin ca. 20 Min. abtropfen lassen (es werden 250 g trockener Quark benötigt). Beide Mehlsorten auf die Arbeitsfläche geben, in die Mitte eine Mulde drücken. Quark, ½ TL Salz und Butter in Flöckchen hineingeben. Alles mit einem großen Messer durchhacken, bis Krümel entstehen, dann mit den Händen rasch zu einem glatten Teig verkneten. Teig zur Kugel formen, etwas flach drücken und in Frischhaltefolie gewickelt mindestens 2 Std. kalt stellen.

2 Inzwischen für die Füllung die Zwiebeln schälen und fein würfeln. Die Petersilie waschen und trocken schütteln, die Blätter fein hacken. Die Tomaten waschen, trocken reiben, vierteln und entkernen. Die Viertel klein würfeln, dabei die Stielansätze entfernen. Den Schinken würfeln. Die Butter erhitzen und die Zwiebeln darin glasig dünsten, Schinken und Petersilie kurz mit dünsten. Mit Pfeffer würzen und die Tomaten untermischen.

3 Den Backofen auf 200° vorheizen. Zwei Backbleche mit Backpapier belegen. Den Teig auf der leicht bemehlten Arbeitsfläche zu einem Kreis von ca. 45 cm Ø ausrollen und wie eine Torte in 16 Stücke schneiden. Die kurzen Seiten der Stücke jeweils mittig 2 cm tief einschneiden.

4 Je ca. 2 EL Füllung auf die kurzen Seiten geben. Die Dreiecke zu Hörnchen aufrollen, dabei den Teig mit den Fingern etwas nach außen ziehen. Auf die Bleche legen. Eigelb mit Milch verquirlen und die Hörnchen damit bestreichen. Hörnchen mit Kümmel oder Sesam bestreuen und nacheinander im Ofen (Mitte) in je 20 – 25 Min. goldgelb backen. Etwas abkühlen lassen.

KÜRBISMUFFINS MIT SCHAFSKÄSE

250 g Hokkaidokürbis-Fruchtfleisch | 3 Frühlingszwiebeln | ½ Bund glatte Petersilie | 75 g Haselnusskerne | 2 Eier (Größe M) | 6 EL Olivenöl | 250 g Buttermilch | 150 g Schafskäse (Feta) | Salz | schwarzer Pfeffer | 200 g Mehl | 50 g grobe Haferflocken | 2 gehäufte TL Backpulver | Papierförmchen für das Muffinblech

Statt Pausenbrot

Für ein 12er-Muffinblech |
30 Min. Zubereitung | 30 Min. Backen
Pro Stück ca. 225 kcal, 7 g EW, 13 g F, 18 g KH

1 Das Hokkaidokürbis-Fruchtfleisch auf der Küchenreibe grob raspeln und in eine Schüssel geben. Die Frühlingszwiebeln putzen, waschen, trocken tupfen und in feine Röllchen schneiden. Die Petersilie waschen und trocken schütteln, die Blätter abzupfen und grob hacken. Die Haselnüsse mit einem großen Messer grob hacken.

2 Die Eier mit dem Olivenöl und der Buttermilch verquirlen. Kürbisraspel, Frühlingszwiebeln, Petersilie und Haselnüsse unterrühren. Den Schafskäse dazukrümeln und untermischen. Mit 1 TL Salz und Pfeffer kräftig würzen. Das Mehl mit den Haferflocken und dem Backpulver mischen und unter die Kürbismasse rühren.

3 Den Backofen auf 180° vorheizen. Die Papierförmchen in die Mulden des Muffinblechs setzen. Den Teig einfüllen. Die Muffins im Ofen (Mitte) in ca. 30 Min. goldgelb backen. Aus dem Ofen nehmen und die Muffins in der Form ca. 10 Min. abkühlen lassen, dann herauslösen und auf einem Kuchengitter vollständig abkühlen lassen. Die Muffins schmecken warm oder kalt.

KNUSPERTIERE

50 g Parmesan | 150 g Magerquark | 8 EL Milch | 6 EL Rapsöl | Salz | 300 g Mehl | 3 TL Backpulver | 1 Eigelb (Größe M) | Sesamsamen, Mohnsamen, Schwarzkümmel, Kümmel und Sonnenblumenkerne zum Verzieren | Mehl zum Arbeiten

Tierischer Knusperspaß

Für ca. 40 Stück | 45 Min. Zubereitung |
10 Min. Backen pro Blech
Pro Stück ca. 50 kcal, 2 g EW, 2 g F, 6 g KH

1 Den Backofen auf 180° vorheizen. Zwei Backbleche mit Backpapier belegen. Den Parmesan fein reiben und mit Quark, 6 EL Milch, Rapsöl, 1 TL Salz und 150 g Mehl in einer Schüssel verrühren. Das übrige Mehl mit dem Backpulver vermischen und unter die Quarkmasse kneten. Den Teig zu einer glatten Kugel formen.

2 Den Teig auf der leicht bemehlten Arbeitsfläche ca. 5 mm dünn ausrollen. Mit verschiedenen Ausstechformen Tiere ausstechen und auf die Bleche legen. Das Eigelb mit 2 EL Milch verquirlen und die Tiere damit bestreichen.

3 Die Tiere nach Belieben mit Saaten und Gewürzen verzieren und Augen, etwa aus Sonnenblumenkernen, in den Teig drücken. Die Tiere auf jedem Blech nacheinander im Ofen (Mitte) in je ca. 10 Min. goldgelb und knusprig backen. Knuspertiere vom Blech nehmen und auf einem Kuchengitter abkühlen lassen.

TIPP FÜR GANZ EILIGE
Die Tiere aus aufgetautem und leicht ausgerolltem TK-Blätterteig ausstechen.

REGISTER

Damit Sie Rezepte mit bestimmten Zutaten noch schneller finden, sind in diesem Register auch beliebte Zutaten wie **Kirschen** oder **Mandeln** alphabetisch eingeordnet und hervorgehoben. Darunter finden Sie das Rezept Ihrer Wahl.

A/B/C

E–H

I/J/K

L/M/N

O – R

S/T

V/W/Z

Projektleitung: Dorothea Schwarz
Lektorat: Karin Kerber
Korrektorat: Waltraud Schmidt
Innen- und Umschlaggestaltung: independent Medien-Design, Horst Moser, München
Herstellung: Mendy Jost
Satz: Kösel, Krugzell
Reproduktion: Medienprinzen, München
Druck und Bindung: Schreckhase, Spangenberg
Syndication: www.jalag-syndication.de
Printed in Germany

1. Auflage 2015
ISBN 978-3-8338-4465-2
www.facebook.com/gu.verlag

Ein Unternehmen der
GANSKE VERLAGSGRUPPE

Die Autorin

Anne-Katrin Weber ist gelernte Köchin und arbeitet als Autorin und freie Foodstylistin in Hamburg. Sie veröffentlichte bereits zahlreiche Koch- und Backbücher bei GU – darunter der Bestseller »Kleine Kuchen«. Als Mutter zweier Kinder weiß Sie aus eigener Erfahrung, was kleine Süßschnäbel mögen.

Der Fotograf

Wolfgang Schardt kann seine Liebe für Essen und Trinken beruflich ausleben: In seinem Studio in Hamburg fotografiert er vor allem Food, Stills und Interieur für Magazine, Verlage und Werbung. Sein Team bei diesem Buch bestand aus: Anne-Katrin Weber (Foodstyling) und Wolfgang Tamm (Assistenz).

Bildnachweis

Alle Fotos: Wolfgang Schardt, Hamburg

Titelrezepte

Igelmuffins (S. 13) und Amerikaner-Gesichter (S. 19)

Umwelthinweis:
Dieses Buch ist auf PEFC-zertifiziertem Papier aus nachhaltiger Waldwirtschaft gedruckt.

Liebe Leserin, lieber Leser,

haben wir Ihre Erwartungen erfüllt? Sind Sie mit diesem Buch zufrieden? Haben Sie weitere Fragen zu diesem Thema? Wir freuen uns auf Ihre Rückmeldung, auf Lob, Kritik und Anregungen, damit wir für Sie immer besser werden können.

GRÄFE UND UNZER Verlag
Leserservice
Postfach 86 03 13
81630 München
E-Mail:
leserservice@graefe-und-unzer.de

Telefon: 00800 / 72 37 33 33*
Telefax: 00800 / 50 12 05 44*
Mo–Do: 8.00–18.00 Uhr
Fr: 8.00–16.00 Uhr
(gebührenfrei in D, A, CH)*

Ihr GRÄFE UND UNZER Verlag
Der erste Ratgeberverlag – seit 1722.

Backofenhinweis:
Die Backzeiten können je nach Herd variieren. Die Temperaturangaben in unseren Rezepten beziehen sich auf das Backen im Elektroherd mit Ober- und Unterhitze und können bei Gasherden oder Backen mit Umluft abweichen. Details entnehmen Sie bitte Ihrer Gebrauchsanweisung.

HIMBEER-EISTORTE

Diese Torte ist Scheibe für Scheibe ein Hochgenuss: der Boden nussig-knusprig, das Eis fruchtig-cremig und der Guss schokoladen-sahnig. Noch ein Stück, bitte!

300 g Himbeeren | 3 Eigelb (Größe M) | 75 g Puderzucker | 250 g Mascarpone | 2 EL Zitronensaft | 250 g Sahne | 50 g Mandelblättchen | 2 EL Zucker | 75 g Haferkekse | 50 g Butter | 75 g weiße Kuvertüre (gehackt)

Eiskalte Verführung

Für 1 Kastenform von 20 cm Länge (10 Stücke) | 50 Min. Zubereitung | mind. 7 Std. Gefrieren
Pro Stück ca. 410 kcal, 5 g EW, 33 g F, 23 g KH

1 Form mit Backpapier auslegen. Himbeeren verlesen, 100 g davon pürieren. Eigelbe und Puderzucker weiß-schaumig rühren. Mascarpone, Zitronensaft und Himbeerpüree unterrühren. 200 g Sahne steif schlagen und mit 150 g Himbeeren unter die Mascarponemasse heben. In die Form füllen, glatt streichen und 1 Std. gefrieren.

2 Mandeln in einer Pfanne ohne Fett goldgelb rösten, mit Zucker bestreuen, abkühlen lassen und mit den Keksen in einem Gefrierbeutel zu Krümeln zerdrücken. Butter zerlassen, Kekskrümel untermischen. 2 EL davon beiseitestellen. Übrige Krümelmasse leicht in die Eismasse drücken. Mindestens 6 Std., am besten über Nacht gefrieren lassen.

3 Torte 30 Min. vor dem Servieren aus dem Gefrierfach nehmen. Kuvertüre mit 50 g Sahne unter Rühren schmelzen. Lauwarm abkühlen lassen. Torte stürzen und die Glasur darauf verteilen. Mit restlicher Keksmasse und Himbeeren verzieren.